또 하나의 매듭

박승범 시집

오늘의문학사

국립중앙도서관 출판시도서목록(CIP)

또 하나의 매듭 : 박승범 시집 / 지은이: 박승범. -- 대전 : 오늘의문학사, 2017
p. ; cm. -- (문학사랑 시인선 ; 055)

대전문화재단과 대전광역시에서 사업비 일부를 지원받았음
ISBN 978-89-5669-846-5 03810 : ₩12000

한국 현대시[韓國現代詩]

811.7-KDC6
895.715-DDC23 CIP2017022666

또 하나의 매듭

박승범 시집

|책머리글|

늘 그랬듯,
아침 일찍 일어난 오늘도
희망의 날개를 펼쳤습니다.

절망의 끝에서 불어오는
상큼한 향기

그 곳을 향해
쉼 없는 날갯짓을 합니다.

언젠가는 그대를 가슴에 품고
향기로운 풀숲에 내려앉는 날

기도하는 나무로 서 있을
한 그루의 사내

책 발간을 위해 "대전문화재단"에서 도움을 주셨습니다.
감사합니다.

2017년 8월 15일
보문산 자락에서, 박 승범

차례

1부

2부

3부

4부

1부

봄

— 동흥동 연가

잰걸음으로 달려와
유년의 모래톱을 간지럽히던 물결
달님의 품에 안겨
볼에 입맞춤이 있어야
비로소, 잠자리에 누워
고단했던 몸을 풀 수 있었던 아이들
아직, 가난을 덮고 있던 잔설 위로
하얀 빗줄기 한바탕 훑고 지나가면
먼 산 뒤로
활짝 펼쳐지는 쌍무지개
햇살이 내려앉는 곳마다
작고 예쁜 꽃망울들이 터져
곤충들의 날갯짓이 더욱 분주했던
축제의 나날들…
작은 새들과 한데 어울리며
부풀 대로 부푼 내 어린 가슴은
푸른 하늘을 향해
날개를 파닥거리곤 했다

여름

— 동흥동 연가

머리맡에 모깃불 피워놓고
강둑 위에 나란히 누워 바라보던 밤하늘
별들은, 송사리 떼처럼 은빛으로 빛났고
익어가는 보리밭 향기를 맡으며
스르르 잠들기라도 하면, 어느새
이마에 내려앉던 아침 햇살
그 때도 비는 많이 내렸다
외할아버지의 불호령 같은
굵은 빗줄기가 골목을 가득 메우는 날이면
허기와 무료함을 달래기 위해
경쟁하듯, 하얀 연기 모락모락 피워 올리던
올망졸망한 초가지붕들
갑자기 빗줄기 멎으면
새들은, 하늘을 향해
힘차게 솟아오르기 시작했고
다시, 강물 속으로 풍덩풍덩 뛰어든
아이들과 뒤섞이면서도
강둑을 조용히 걷던 그 소녀를
힐끗힐끗 보면서, 나는 더 신바람 났었다

가을

— 동흥동 연가

언제나 그러했듯, 가을은
분주한 발자국 소리로부터 왔다
우마차에 실려 온 볏단들은
높은 희망의 노적가리가 됐고
강변 남새밭,
이랑을 일궈 김장용 씨 뿌리기
일손을 돕던 아이들은
피곤마저 잊은 채, 늦은 밤
떨어지는 별똥별을 헤아리며
술래잡기 놀이에 정신이 없었다
빈 들녘, 어느덧
평온으로 채워지고
찬 서리 내리기 시작하면
품앗이를 해가며, 서로의
허기진 곳간을 채우기 위해
추수를 서둘렀던 어른들
지금은, 어느 외딴 곳
양지바른 곳에 도란도란 모여 앉아
옛 추억을 엮고 있을까

겨울

— 동흥동 연가

밤새껏,
함박눈 펑펑 내리던 날이면
제일 먼저 강둑에 올라
실눈으로 바라보던 은빛 마을
세찬 눈보라가 몰아치기라도 하면
서로 부둥켜안고
침입자를 물리치곤 했던 초가지붕들
시장에 가셨던 아버지가 늦은 밤까지
돌아오지 않으실 땐 시린 손 호호 불며
마을 어귀까지 마중을 나가곤 했었다
혹독한 추위보다 더 무서웠던 아버지
이다음, 결혼을 해서 아이를 낳으면
안아 주고 머리도 쓰다듬어 주며
칭찬도 하고, 혹
잘못이 있더라도 낮은 목소리로
"괜찮아, 앞으로 잘 하면 돼"
그런 따뜻한 모습이고 싶었지만
어느새, 다 자란 두 아이들 앞에서
여전히, 옛날의 아버지로 서 있으니…
추운 겨울이 돌아오면, 그래도

내 가슴 속 하얀 눈밭엔
아버지의 발자국이 제일 먼저 찍힌다

도살장

— 동흥동 연가

마을 한가운데 도살장이 있었다
쉴 새 없는 행렬
어느 놈은 목줄에 질질 끌려서
어느 놈은 손발 꽁꽁 묶여서
덩치 큰 놈은 고삐를 바짝 붙잡힌 채
커다란 두 눈을 끔벅거리며
그렇게, 공포 속으로 들어가곤 했다
비명소리가 온 마을을 덮었고
피비린내가 골목을 흔들었지만
울타리 밖,
어느 한 사람 그들의 주검을 향해
눈길을 주는 이 없었다
아우슈비츠 강제수용소가 그랬을까
그 시절, 겁먹은 눈에서 흘리던
그들의 투명한 눈물방울
이른 아침 출근 길
풀잎에 맺힌 이슬로 다시 만나
기억이 아프다

관리대상자

울릉도에서
아이가 잠시 휴가를 나왔다

아내가 말한다
"네 아버지한테 전화 자주 드려라"
아이가 힘 들어간 목소리로 대답한다
"네, 시간 나는 대로 전화하겠습니다"
아내가 정색을 한다
"뭐? 시간 나면 전화한다고…?
치아라 마, 시간 없으면
시간을 만들어서라도 전화를 해야지…"

오늘부터, 난
작은 아이의 관리대상자

나도,
그 사람을 위해
없는 시간을 만들면, 그의 창가에
오래도록 스러지지 않을
꽃 한 송이 곱게 피어날까

5월 어느 날

— 해병대 부사관 동기 모임

낮게 내려앉은 하늘, 비는 내리지 않는다
비가 내린들 어떠랴
몸과 마음을 던져 조국을 지키겠다는
결연한 의지를 다지며
진해 앞바다로 모였던
그 늠름한 얼굴들을 만나기 위해
포항으로 가는 날
"한 번 해병은 영원한 해병"
그 구호 아래 우리들은 언제나 하나였다
영혼까지 붉게 물들인
그 이름으로 우리들은 어깨를 펴고
어떠한 역경 속에서도 굽히지 않고
해쳐나갈 수 있었던 게 아닌가
한 시절,
몸과 마음을 바쳐
죽어서도 이 나라의 수호신이 되겠다던
그 뜻을 이루지 못한 내 영혼은, 지금
어느 곳을 떠돌고 있는지…
아무리 힘들고 어려워도
길 아니면 쳐다보지도 않았다

세상 앞에 당당하고 부끄럽지 않은
삶을 위해 몸부림칠 때마다
해병 정신!
바다를 등진 채 가슴을 활짝 편
"청룡회관"이 반긴다
청룡… 바다 속 거센 물살을 박차고
하늘 높이 솟아오르는 푸른 용은
해병의 또 다른 이름
낯익은 얼굴들이 보인다
살아가는 방식은 달라도
햇병이라는 자부심을 부적처럼
가슴에 품고 다녔을 그리운 얼굴들
노을빛이 한 차례 홀 안을 스쳐가고
군악대의 힘 있는 반주는
잠든 해병혼을 뒤흔들어 깨운다
어느덧, 여명 앞에 서 있는 바다
나라의 명령에 따르겠다고
자진해서 걸어 들어왔던 것처럼
스스로 선택한 또 다른 길
그 끝에서 활짝 웃게 될
자랑스러운 그대들이여, 건배!

강경역

하얗게 내뿜는
증기기관차의 기적 소리와 함께
멀리 떠났던 사람들, 그들의 등 뒤에서
한 점 그리움으로 남을 때까지
행운을 빌고 또 빌며
누구든, 못 잊어 돌아오는 이들에겐
반갑게 손 마주잡아 주던
고향 역…
열차표 한 장씩 손에 쥐고
나무 의자에 붙어 앉아
희망의 열차를 기다리던 순한 눈빛들
된서리 하얗게 내린 새벽길
삐걱거리는 문 열고 들어서면
언 몸을 녹여주던
석탄난로는 보이지 않고
번개처럼 빠른 열차를 기다리며
연방 시계만 들여다보는 사람들
황산 갈대숲에서 우르르 몰려나와
열차를 가로막으려 했던
그 시절의 야윈 바람도 가고

기억의 촉수만이 아픔처럼 돋아나는
강경역…

다만, 내일을 기약할 뿐

마냥, 떠 있을 것 같은
저 높은 구름도, 언젠가는
그리움을 찾아 지평선 끝에 내려앉듯

흐르고 흘러 사방으로 흩어졌던
계곡의 차가운 물소리가 달빛 따라
외딴집 우물에 고이듯

목청을 높이고
때로는 얼굴 붉혔던 사람들도
그림자 길게 늘어지는 오후가 되면
벌써부터, 마음은 한 곳을 향한다

어느덧,
밤하늘은 서서히 열리고
경적소리는 길가에 쌓이는데
새로 만난 별들은 안부가 궁금하다

고향을 묻고
나이를 묻고… 그러나 더 이상

마지막 행선지는 묻지 않을 것이다
다만, 내일을 기약할 뿐

그 친구

목소리라도 듣고 싶어
사방으로 흩어진 그 곳에서
깊게 뿌리를 내린
발가숭이 친구들에게 안부를 전하며
반가움을 나눴습니다
비가 내린 뒤여서
하늘은 높고 맑았습니다
그 친구 얼굴이 선명하게 보였습니다
그 옆 또 다른 친구의 모습까지
또렷하게 보였습니다
길게 심호흡을 했습니다
안부가 궁금했습니다
아득한 곳
그래도, 먼저 간 그들이
옛정을 잊지는 않았는지
가끔은, 기억 속을 다녀가곤 합니다
친구들이여, 안녕

나이

어젯밤에도 함께 잠자리에 들고
누가 먼저랄 것 없이
오늘 아침에도 함께 일어났다
그런데도 그는 벌써
문 밖에서 서성거리며 기다리고 있으니
부지런한 건지
생각이 없는 건지
알 수 없는 한결같은 행동
어렸을 적엔,
있는 듯 없는 듯 따라다녔고
좀 더 컸을 땐,
거리낌 없는 사이였는데
목소리가 조금 내려앉은, 지금은
스승으로 서 있다
가슴으로 살고
자신을 다스릴 줄 알아야 한다고
힘주어 말하고, 다시
앞장서서 걸어가는 나이

노을

비상을 꿈꿨던
욕망의 숲을 지나

질펀한
언덕을 넘어서

끝내는
온 몸을 불태우고
소멸하는 저 불꽃

다시, 희망이다

그래도, 난 그대의 이름을 부르리

넘어지는 파도,
찢겨지는 바람도 있습니다

그래도 그들은
다시 일어나 가던 길을 갑니다

터져 나올 것만 같은
그리움을 가슴에 품고
산을 넘고
또다시 건너는 강

때론,
중심을 잃고 밖으로 떼밀려도
등줄기 곧추세우며
부르고 또 부를 그 이름

꺾인 꽃대를 바라보며

거짓말처럼
바람이 스쳐간 자리

꽃대의 허리가 꺾여 있습니다
'안 돼, 안 돼'
언젠가 외진 산길에서 만났던
자그맣고 붉은 패랭이꽃이
흐느끼고 있습니다

잠자리가 날아와
꺾인 꽃봉오리 위에 앉아
나지막이 속삭입니다

"울지 마 울지 마…
지난 날, 된서리에 눌려
날개가 꺾였을 때도 있었고
햇살이 눈부신 어느 날엔
방향을 잃고 헤맬 때도 있었어"

'그래, 누군들

침묵 저 밑에 숨겨놓은 아픔
어찌 한 둘 뿐이랴…!'

비 개인 뒤

점령할 듯
비바람은 몰려오는데
자리에서 떠날 줄 모르는
산 속 나무들

비 개인 뒤
기운차게 꿈틀거리는
한여름의 푸르름은
나를 향해 조용히 말한다

먹구름이 몰려와도
몸을 낮추려 하거나
등을 보여서는 안 된다고

꿈인 듯,
그대의 산에도
가을빛으로 물들 날 있을 거라

시행착오

"강원도로 가게 됐다고?"
"네, 바다가 아직 저를 놓아주지 않습니다
하하하"

젊은 경찰들이 길 가장자리에서
교통위반 차량들을 멈춰 세우고 있었다

아내가 아이에게 일러바치듯 말한다
"네 아버지도 안전벨트를 매지 않아
수업료를 냈단다" 시행착오만을 겪고 있는
나를 향해 아이가 말한다

"아버지께서는 배우고만 계시는 것 같습니다"
멋쩍어 하며 변명하듯 말했다
"옛 어른들께서 말씀하셨잖아
죽을 때까지 배워야 한다고…"

섬을 떠나 뭍으로 올라온
작은 아이가 바다처럼 넉넉해 보였다

입버릇

어느 날,
아내가 흘리듯 한 마디 합니다
"당신은 늘 시작이라서 좋겠다"
그랬습니다
이젠, 그것도 부족해
"끝이 좋으면 다 좋은 거야"라는 말로
가볍게 되받습니다
물론, 한없이 부족하기만 한
스스로를 위로하고 미안해서 하는 말이지만
꼭, 그래서만은 아닙니다
어떠한 장애물이라도 거침없이 뛰어넘는
야생마처럼 달리고 또 달려
그렇게 한 생을 가로지르고 싶어
자주자주, 속삭이곤 합니다
"이제 시작이야"

징검다리

오늘은,
간절히 기도하던
어제의 소망
내일로 이어지는 징검다리

그 위에는, 언제나
무지개가 뜨고 별이 뜨고
그리움이 떠 있지만

간혹,
비가 내리고
갖가지 상념들이 흩날리고
아픔을 남길지라도

그 곳을 향해
한 발 한 발 내딛는
희망의 계단

항해

행여, 그 곳에 닿을까
노 저어 가는 길

해 저물면 수평선 위에
지친 영혼을 뉘이고, 눈을 뜨면
말간 햇살에 얼굴을 씻으며
다시 떠나는 길

때로는, 뱃머리를
되돌리고 싶었습니다만
쉽게 지워지지 않을 흔적들이
너무도 많습니다

쉴 새 없이
뱃전을 때리는 물살
바람은 등대 불빛을 흔들어
가까운 듯 먼 길

물결 위,
뛰어오르는 은빛

하나 둘 건져 올리며
노 저어 가는 길

가을산

바람,
그 발길 머무는 곳마다
터지는 소리

언덕 위
먼 곳을 바라보던
한 나그네

계절 밖, 길게 벋어나간
밤나무 가지들을
연신 흔들어댄다

쏟아지는 그리움
온 산을 덮겠네

강화도 외포리에서

비릿한 바람이 반갑게 손을 내민다
교동도에서 불어왔을까
한 순간도 긴장을 풀 수 없었던
평화와 긴장이 공존하는 그 곳
하늘색 외투를 걸친 채
멀리 수평선을 바라보던 한 여인은
눈에 익은 물결, 섬 생활을 추억하는
사내 곁으로 다가서며 살며시 팔짱을 낀다
여객선은 출항 신호를 기다리고
또 다른 배들은 섬을 오가며
등 푸른 사람들과 철갑상어 같은
자동차를 연거푸 쏟아낸다
갯벌 한 쪽을 차지한 갈매기 떼는
저들만의 시장을 형성한 듯 분주하다
한 무리의 날렵한 바람이
수면 위에 내려앉자마자, 바다는
놀라기라도 한 듯 움츠림을 되풀이한다
섬 사이에 갇힌 바다
멀리멀리 달아나려 하지만
쉽사리 풀어주지 않는다
그림자를 붉게 물들이는 노을빛 깊다

겨울 바닷가

— 대천해수욕장

떨쳐내지 못한
반도의 분노인가

나약한 역사가 싫어
지우고 또 지우기를
반복하는 파도

휘장을 둘러치듯
함박눈이 펑펑 쏟아진다

발자국을 찍는다
이름을 쓰고 마음도 쓴다
심술부리듯 이내 파도가 덮는다

대륙에서 불어오는 칼 끝 바람
옷깃을 세우며 걷는다
그렇게 끝없이 걸어갈 것처럼

경계선

경계선을 사이에 두고
우리는 하나라고 말합니다

어느 곳까지 배려이고
어느 선을 넘으면 무관심입니까

어느 곳까지 부탁이고
어느 선을 넘으면 강요입니까
어느 지점까지 자유이고
어느 선을 넘으면 구속이라 합니까

어느 선을 넘으면 미움이고
얼마를 더 벗어나면 연민이 되는지
알 수 없지만

당신과 나, 그 영원한
동행을 위해 무너뜨리지 말아야 할
아슬아슬한 경계

그 때는 몰랐습니다

봄볕 아래를 지날 때마다
발걸음을 멈추게 했던
이름 모를 꽃나무

어느 해인가
마침, 골목을 휘젓고 돌아 나오던
그 나무의 향기를 만난 적 있습니다

지나가는 행인에게 물었습니다
"저 나무의 이름이 뭐지요?"
"라일락입니다"

먼 옛날,
그 소녀가 즐겨 입었던
보랏빛 스웨터에서 솔솔 피어나던
라일락 향기…
그 때는 몰랐습니다

긴 여정

오르고 올라
가지 끝에 닿으면
쉽게 날아갈 줄 알았을까

나뭇잎 하나
두 눈 질끈 감고
호수 위로 톡…

물결을 타고
흐르고 흘러서
그대 곁으로 가는가

자유를 꿈꾸며
그렇게 먼 길 나서는가

그 이름 맞을까

더듬거리며 찾아간 인터넷 속
동창들의 모임 방
내보일 수 있는 마지막 증거인 양
동심의 사립문 밖에 내걸린
빛바랜 이름표
굳게 닫혔던 문이 열린다
가물거리는 추억
몸은 어느덧 제어할 수 없는
욕망의 질그릇으로 바뀌었지만
달려와 잡은 손 놓을 줄 모르는
저 올망졸망한 얼굴들
사이를 비집으며 고개를 내민
낯설지 않은 이름 하나!
동네 어귀에서, 골목길에서
말없이 스치곤 했던, 때로는
달빛 아래 잔잔히 흐르던 물결 위
수줍음으로 엷게 번졌던 그 아련함
지금은,
무엇으로 가슴을 채우고 있을까
조금은 궁금하지만

기억 저 너머

그 이름 맞을까

동행

나란히 걷고 있으면서
혼자일 때가 있습니다

혼자이면서
제 그림자와 나란히 서 있던
어느 조용한 날의 모습처럼
함께 할 때도 있습니다

하루를 만나기 위해
밤길 헤쳐 온 샛별처럼
분주한 움직임

그렇게 굽이굽이 흘러
또 다른 나를 찾아가는 당신

등대

길목에서
당신을 기다립니다

외로움이 온 몸을 휘감아도
행여, 오시는 길 잃을까
움직일 수 없는 몸

밤길 더듬는
당신의 고단한 여정
어찌, 외면할 수 있으랴

깊어가는 밤
뱃길을 위해
눈을 더 크게 떠야겠습니다

밤을 잊은 그대에게

뗏목을 타고
침묵의 바다를 저어가는 저 별들도
때로는 힘들고 지칠 때가 있을까

타는 가슴으로
마주했던 잊지 못할
그 기쁨의 날은 저물어
긴긴 겨울밤에 묻힌다 하더라도
그리움이 흩날리면, 밤새워
그대에게 편지를 쓰려하네

맨발이면 어떻고
걸친 옷 변변치 않으면 또 어떠랴
뜨거운 열정, 한결같은 몸짓
그것을 소원하면서 묵묵히 걷는
나의 발걸음은 가볍기만 하다네

밤을 잊은 그대여, 그대는 아는가
영혼을 남김없이 태워
오래오래 꺼지지 않을 불꽃
그런 사랑을

순응

꺾이면 꺾인 대로
찢기면 찢긴 대로

받아들여야 한다며
침묵으로 서 있는 나무

한 무리의 새들이
날아와 앉는다

변두리,
내 삶의 나뭇가지에도
날아와 재잘거리는 새 있을까

2부

아침

소망을 안고
그렇게 오시는 님이여
누구를 위하여
어둡고, 지루하고, 차가웠던
긴 밤을 참아왔는가
산뜻한 차림 하얀 손
오래도록 꺼지지 않을
그 풋풋한 사랑
여기 있음에
하늘마저 높이 솟아
끝없이 펼치고 싶은 바램 하나
여기 있음에
멈춰 선 흐름
낮게 엎드린 봉우리
그 모두를 일으켜
다시는 무너지지 않을 말씀
불어넣어 주시는 님
벅찬 아침이여

벌판에 서서

입춘이 지났습니다
그런데도 눈발이 날립니다
싫지는 않았지만, 왠지
곧 떠날 사람처럼 보였습니다
가까이 했다간 외로움의 골
깊어질까 두려워
모른체 했습니다
홀로 바라보는 저
세월의 흐름으로, 이젠
현기증마저 일 정도니까요
인생을 어느 정도 헤쳐 나온 듯한데도
여전히 외로움의 옷을 벗어던지지 못한 채
이렇게 허허벌판에 서 있습니다

찬바람 끝에서
뭔가를 부지런히 쪼아대는
새가 있습니다

변명

첫새벽
급히 현장으로 가는 길
허름한 차림의 한 아낙네
봇짐을 든 채
바쁜 사정이라도 있는 듯
찻길로 뛰어들어
앞서 달려가는 자동차를 세운다
오늘따라 좀 늦은 시간
앞차가 거절하지 않기를
은근히 기대하는
또 다른 나를 싣고
내 고물 자동차는
더 큰 소음을 내면서
힘겹게 달린다

상큼하게 맞아주던
푸르름 속 바람은 간 데 없고
비웃기라도 하듯
크고 작은 풀벌레 소리
끝까지 따라오네

착각

어렸을 적
도둑을 잡았다며 법석을 떠는 쪽으로
우루루 몰려가는
동네 사람들 뒤따라가며

양쪽으로 뿔이 달린
괴물 같은 머리
시꺼먼 털이 온몸을 뒤덮은
이를테면,
한 번도 본 적 없는 그 놈을
그렇게 떠올렸는데

등등한 분노에 둘러싸여
잔뜩 겁먹은 표정
가난을 겹겹으로 껴입었을 뿐
투명한 슬픔을 뚝뚝 떨어뜨리는
까만 눈망울
그는, 사람이었어

꽃이 나에게

비바람 인다고
피할 곳 찾지마라
아파도, 결코
아프다는 말 마라
세상사
우습게 돌아간다고
이맛살 찌푸려봐야 소용없는 일
그러니
죽은자처럼 살아라
생의 저편 아득한 곳에
한 송이 향으로, 다시 피어오르게 될
그날까지는

동행

기도하는
나무의 마른 어깨 위
조용히 내려앉는 햇살
산새들이 날아와
산모퉁이 길을 쓴다
걸어온 흔적만큼이나
이리 휘고 저리 휘어진
그러나 말끔하게 다듬어진 한켠으로
할아버지 한 분
자전거를 끌고 가신다
그 옆으로
아장아장 걷는 꼬마 역시
세발 자전거를 끌면서 간다
힘없이 튕겨 나가는 말씀
길바닥에 닿을세라
맑은 눈망울 속에 넣으며
뾰족한 입에서 연신 피어오르는
향기를 맡으며
두 그림자는 산울림 속으로

서서히 잠긴다
그렇게 천년을 저어갈 듯

여행을 앞두고

아무렇게나 뱉어버린 생각
다시 불러모아 미련 없이 불씨를 떨어뜨리고
새긴 이름 말끔히 지워 빈 공간으로
그냥 놔두고 싶다 비바람 불어도 마음 하나
쓰일 일 없는 홀가분한 기분으로 한적한
길 찾아 침묵이 흐르는 소리, 생명이
꿈틀대는 소리 나무들과 어울려 듣다
어두워지면 이야기꽃 밤새 피워내던
어렸을 적 작은 그 별들을 만나 못 다한
이야기 마저 나누고 이제는 기억조차
가물가물한 그 시절 그들에게 그리움 짙게
배인 말 한마디쯤 전해주고 싶다

파아란 하늘
이래저래
이번 여행길엔 좋은 일 있으려나

5월

알 수 없는 곳으로
이끌려 가는 이들을 바라보며
마냥 서 있었습니다

손 꼽아보면
벌써 아득한 옛 일이거늘
곱고 화려한 당신의 모습
꿈만 같습니다

모두를 지웠던
훌훌 털어 버렸던
아픈 기억들

검붉은 꽃 향으로
곳곳을 덮고 있는데
난, 그 날을
증언하듯 서 있습니다

어떤 질문

가벼운 마음으로
집 근처 술집에서
아내와 마주 앉았습니다
이런 저런 이야기 끝에
뜬금없이 아내가 묻습니다
당신의 결점, 그리고
장점을 말해보라는 겁니다
한참을 머뭇거리다
그냥 웃고 말았습니다
아내가 대신 말합니다
솔직함이라고…
처음엔 좋게 들렸습니다만
뒷맛은 좀 그랬습니다
어둠을 짚으며
집으로 돌아오는 길
별들의 동행으로
발걸음은 가벼워졌습니다

촛불

열정의 심지
점점 작아지면서
긴장의 턱 밑까지 차오르는
숨을 고르고 있지만, 간혹
손짓을 하면 하는 대로
떠밀면 떠미는 대로
상념을 풀어 놓을 때면
낯선 곳에 서 있기도 합니다
그 때, 누군가 말없이 다가와
입김을 호호 불어주기라도 하면
스르르 감기는 눈
뒤늦게 혼자라는 것을 알았을 때
밀려오는 서러움
밀쳐내지 못한 채
뜨거운 가슴을 움켜쥐고
왈칵 눈물을 쏟아내지만
그게 삶이라는 걸
알지 못했습니다

후덥지근한 오후에

누구처럼
시신 기증을 하고 싶다는
전화를 받았다
고민 고민 끝에 얻어낸 결심이라나
그래서인지 마음은 더없이 평온하다고
활활 타오르는 불꽃으로
어둬만 가는 이 세상을
훤하게 비춘다
후덥지근한 오후,
고뇌의 오솔길에서 만난
그 여인에게
갓 뽑아낸 바람 한 묶음을 건넨다

소리

— 현장 일기 1

이른 새벽
산새들을 깨우는
나무들의 기도 소리

낮게낮게 흘러
계절의 발목을 적시는 물소리

현장을 덮는 안개
첫삽의 울림은, 세상 밖으로
저들을 밀어낸다

멈추지 않고 돌아가는
삶의 수레바퀴 소리
바위 틈
실뿌리들이 눈을 뜬다

돌 쌓는 사람들

– 현장 일기 2

폭우로 휩쓸린 자리
돌 쌓는 사람들

큰 놈은 아래
그 위에 조금 작은 놈
기꺼이 목숨 부서뜨려
틈새 메우는 조각들

행여
선(線) 밖으로 고개를 내밀거나
배에 힘 들어간 놈은
여지없이 정을 맞는다

이 곳엔
예외가 없다

감나무
— 현장 일기 3

꺼슬꺼슬한 감나무, 가지마다 달린 새순, 지나는 바람을 향해 연신 흔들어대고 있습니다 〈함부로 넘볼 수 없는 개발이라는 신무기가 들이닥칠 테니 빨리 피신하라〉는 신호를 보냈는데 눈길조차 주지 않습니다 포크레인 쇠발톱으로 굵게 벋어나간 가지부터 하나 둘 부러뜨리기 시작했습니다 속살 하얗게 드러내며 사지가 찢어지듯 꺾어지고 있습니다 이윽고 뿌리째 뽑혀 힘없이 눕습니다 연약한 잎들은 어느새 붉은 빛으로 물들어 있습니다 잎 사이사이엔 탐스런 감들이 매달려 아직 숨이 멎지 않은 어미 곁에서 떨어질 줄 모르고 있습니다

슬금슬금 저들의 눈치를 보면서
난, 흙 구덩이를 파고 있습니다

결

— 현장 일기 4

깊은 산 속
포크레인에 BRAKER를 장착하고
덩치 큰 돌 앞으로
조심조심 다가섰습니다

어느 지점을 공격할까
이리 살피고 저리 살피며
결을 찾습니다
아무리 단단한 결속이라도
그 곳을 향해
강한 의지의 버튼을 누르면
꿈쩍도 하지 않을 것 같은
그 요새는 여지없이 무너지거든요

이리 짚어 보고
저리 짚어 보며
분명, 어딘가에 있을
삶의 결을 찾아내기 위해서라면
등줄기를 타고 흘러내리는
끈적한 고달픔 쯤이야

외국인

– 현장 일기 5

멋쩍게 웃으며
가까이 다가오는
검은 얼굴
더듬거리며 태국이라고
말 한 뒤 또 웃어 보인다
언젠가
베트남 젊은이에게 틈틈이
우리 말 가르쳐 준 게 생각난다
밀린 임금은 받았는지
고국으로 무사히 돌아갔는지
외국인 근로자를 볼 때마다
그 무엇을 찾아서
아프리카 리비아로 떠났었던
80년대 동생의 그 얼굴
자꾸자꾸 겹쳐진다

하수인

— 현장 일기 6

두 눈 시퍼렇게 뜬 나무들
포크레인으로
생매장했습니다

참았던 울음
일제히 터뜨리는 꽃망울
점점 커지는 산울림

하수인이라고 둘러대면
하느님은
용서해 주실지

한 무리의 바람
갈기를 세우고 달려갑니다

꿈 이야기

어느 날
나의 마른 가슴에
어린 나무 한 그루
정성껏 심었습니다

비가 내리거나
바람이 조금만 불어도
뒤척이는 날 많았습니다

그리고
강을 건너기도 했습니다
점점 깊어지는
망각의 강을

노를 저었습니다
흐르는 강물에 그의 이름을
떨어뜨리고 말았습니다
꿈이었습니다

사랑한다는 것은

섬

더는 기다릴 수 없습니다
점점 내려앉는 뼈마디,
고독의 파장이 겹겹으로 몰려와
중심을 흔들어도, 그대를 향한
한결같은 내 열정을
막아내지는 못할 겁니다
앞서 길 떠나는 바람, 사방을 에워싼
바닷새들의 날갯짓이 가볍습니다
멀리 떨어져 있다는 이유 하나로
마냥 기다릴 수만은 없는 일
당신 계신 곳으로 갑니다
다시 마주하게 될 그 때를 떠올리며
이젠, 마음을 조용히 다스려야 할 시간
부르면 언제나 그 자리에서 반갑게 응답하는
고마운 이여
나만을 바라보라는 주문
넘치는 욕심일까요
외면하지 않고 고이 맞아줄
당신을 떠올리며

눈부신 햇살 아래
갯내음이 소용돌이치는 바닷가에서

구경꾼

숲속을 벗어나
높은 하늘로 날아가는
깃털 같은 시간들
물끄러미 바라봅니다

잎새들의 그 작은 귓바퀴
톡톡 두드리는 물방울 소리,
산 허리 꼬옥
붙들고 있는 잔뿌리들
내겐 눈길조차 주지 않습니다

잡목들의 함성
저만치서 옹기종기 모여앉아
앞자락 가득
햇살을 담고 있는 꽃나무들

사방을 둘러봐도
바삐 움직이는 몸놀림,
가뿐 숨소리
바깥세상보다 더 분주한 곳
난, 조용히 그 자리를 빠져나왔습니다

배역

길들여지지 않은 탓일까
다듬어진 길을 마다하고
언제나 울퉁불퉁한 길을 택하는
나의 발

그래도
그 길이 더욱 편한 것은
무슨 이유일까

만류하듯
소리소리 지르며 뒤따르는
세상의 손짓에도
그 길만을 고집 했으니

이러다간
生의 무대 위에서 끌어내려지는
수모를 당하는 것은 아닌지
말하자면, 배역을 소홀히 했다는
이유를 내세운다던가, 그런

강가에서

시간의 모서리를 돌고 돌아
이 곳까지 이르렀을
조용한 흐름
어느 선승(禪僧)의 발자취 같네

잔잔한 물결 위
희망의 노를 젓고 있는
나의 영혼
잠복해 있는 충돌을 피해
많은 굽이 돌아가야만
당신 곁으로 다가갈 수 있는지

마디마디 온전한 곳 없음에도
아픔을 풀어내지 않고
온전히 끌어안으려는, 저
눈물겨운 평온

당신 가까이
좀 더 가까이 다가가기 위해
하고 싶은 말, 잠시
등 뒤로 숨기려네

먼지

식구들이 모인 자리에서
큰 아이가 한 마디 합니다
아버지는 먼지를 싫어한다고
정말 그랬을까
피식 웃음이 나왔습니다
마음 구석구석마다 자리 잡은
먼지들이 얼마나 많은지
보이지 않는다고 먼지가 아닌 것은
아니잖습니까
털어내고 또 털어내도 한사코 쌓이는
미움, 욕심…
그것들로 인해서 얼마나 많은 날들
잠 못 이루며 뒤척였는지
찌든 먼지
털고 또 털어봅니다만
목적지에 도달할 때까지, 이 싸움은
끝이 없을 것 같습니다

고향길

설레임이 그대로 묻어나는 곳
성큼 다가와 어깨에 손을 얹는
그 시절의 바람과 함께
무리지어 날고 있는 추억의 길을
어제처럼 걷습니다

거듭된 세월의 퇴적에도
짙게 베어 나오는 향기, 어쩌면
혈관을 타고 온 몸을 떠돌다
부서지고 삭아졌을, 그리하여
순백으로 피어날 꽃이 아닌지

고향을 휘감고 흐르는 강
안개처럼 날개를 접고
한 점 구름으로 떠 있는 그리움
우두커니 한참을 서서
꿈인 듯 바라봅니다

부르면 날아갈까
다가서면 숨어버릴까

무심코 올려다보는 하늘엔
파릇한 꿈, 그리고
기도하는 별이 있습니다

어느 경기장 풍경

사각의 링에 오른 선수들이
시합을 벌인다
세기의 대결답게
긴장의 불꽃이 강렬하다
관중석에서
홍분의 회오리바람이 일기도 전에
한 선수는 갑자기
상대의 귀를 물어뜯는다
뚝뚝 떨어지는 선혈
벼랑 아래로 추락하는 명예

연습 없이
링에 오른, 난
반칙 없는 삶을 살고 있는지

금강

잔잔히 흐르는 강
서걱이는 갈대 숲
둥지를 보듬고
수평선 너머로 길게 뿜어내는
하얀 입김
물결을 다독이며
수많은 세월을 앞서 보낸, 그
뒤안길에서 조용히 바라보는
흐름 속
애증(愛憎)
여전히, 호젓한 길 돌아
그렇게 쉼없이 흘러가며
흙을 적시고
잎새마다 고운 빛 담아내는
파아란 숨결
또다른 역사를 준비하는
안개 속, 그대
그윽한 향기여

과수원에서

끝마다
주렁주렁 매달린
땀방울

매미 울음은 무리지어
파아란 하늘을 날고
내 마음은
솔바람을 탄다

돌아서서
옷을 갈아입으려다 들킨
산
얼굴이 붉어지네

바닷가에서

파도가 밀려왔다
다시 밀려간다
그럴 때마다 내 마음의 무게는
조금씩 떨어져 나간다
사랑의 질긴 끈을 놓아버리고
미움의 고리도 끊고
한 줌의 집착마저
미련없이 버렸으니 이러다가
어느 날 갑자기
하늘로 날아가는 것은 아닌지
사람들이 우루루 몰려와
갯벌을 뒤진다
제법 굵은 씨알
자루마다 가득 채웠으면서도
못내 아쉬운 표정들이다
저들이 캔 것은
지난밤에 내던진
나의 집착일까

달맞이꽃

生의 변두리에
다문다문 피어있는 꽃
밤잠마저 설치게 했던
나의 첫사랑이다
낡은 갓을 눌러 쓰고
내리는 비를 맞아가면서도
뒷골목을 희미하게나마 비춰주던
백열전등이다
어제와 오늘만큼이나 넓은
강기슭을 따라
물소리가 무겁게 흐른다 움켜쥔
손가락 사이에서 빠져나온
은모래의 그 찰랑거림
세월 저 밑 부분에 잠겼을까
바람이 분다
잊고 살았던 고향,
샛노란 꽃망울들이 발돋움을 한다

낯선 주소

— 山中 아우에게 1

새로 바뀐 주소를 적어
우체통에 넣으면
받아 볼 수 있을까, 지금껏
낯선 곳에 닻을 내려본 적 없는
아우야
겨울로 접어드는 길목
으슥한 곳을 지날 때
춥지는 않았는지
새로운 곳에 가면
이웃을 잘 만나야 된다는데
좋은 사람들을 만났는지
낯선 주소를 알려드리면
행여, 놀라실까봐
하늘에 계신 어머니, 아버지껜
그냥 모른체 했단다
아우야
바람이 제법이다, 안식(安息)을 끌어당겨
환절기가 되면 고통스러워하는 그 목까지
꼭꼭 덮어라
하고픈 이야기는 밤하늘 가득
별로 띄우겠다

3부

신문 배달 소년

–새벽 배달 길 · 1

새벽 4시쯤은 됐을까
중학교 1학년 정도 돼보이는
예쁘장한 얼굴에
안경까지 깜찍한 사내아이
신문 보급소 앞에서
쭈그리고 앉아
열심히 부수를 헤아리고 있다
또래 아이들은 세상 모르고
단잠에 빠져 있을 시간인데
공부하면서 졸지는 않을까
무럭무럭 클 나이인데
출출하지는 않을까
부모님은 계실까
의문의 꼬리를 길게 늘어뜨리며
그는,
어둠을 향해
자전거 패달을 힘차게 밟는다

비를 맞으며

—새벽 배달 길 · 2

1.

낯익은 비가 내린다

그 해 그 뒷골목의 비는

다시 내려

내 가슴을 조용히 적신다

하늘 밑

번지수 없는 곳까지 찾아오느라

싸늘해진 몸뚱아리

그 소녀의 가슴에도

다녀왔을까

2.

생면부지의 비가 내린다

아직, 잠자리에 머물던 새벽은

소스라치게 놀라며

몸을 잔뜩 움츠린다

여전히 비는 내리는데

비장한 각오라도 한 듯
어딘가로
발걸음을 옮기고 있다

겨울

—새벽 배달 길 · 3

하얀 목덜미 여전한
그녀를 만났다
한동안을 잊고 지내 온 탓일까
선뜻, 악수조차 나누지 못하고
얼굴만 빤히 쳐다보았다
지독하게 사랑하면서도
헤어져야만 했던
옛날을 뒤돌아보며
안부쯤은 주고 받았었는데
우연히 마주친 오늘,
반갑기도 했지만 서먹서먹한 것은 왜일까
도회지에 눌러앉은 이후
바쁘다는 핑계가 많았지만
처음 만났던 시골에선 어땠는가
시선만을 주고받다 지쳐
아예, 한 몸이 되질 않았던가
날마다 하얀 꿈 펼치며
좋아 어쩔 줄 몰랐던
우리가 아니었던가
둘 사이 무심히 흐르던 푸른 강물에

한숨을 묶어 띄울 때마다
던져주는 물빛을 가슴에 담고
아려오는 고통을 잊곤 했는데
그녀는 여전히 그 강가에
소녀로 서 있다
막차를 타려는 듯
분주한 낙엽의 발자국소리
거친 말투로 대화를 나누며
낙엽의 등을 떼밀기도 하고
거만스럽게 툭툭 치면서
대로를 달리는 바람
낯설고 어설픈 거리에서 느닷없이 만나
나를 더욱 당황하게 했고
화사함으로 치장한 몸가짐 어디에도
절절했던 사랑의 흔적은 간데없다
그 옛날 차갑고 날카로웠던
그녀의 눈빛
가끔은, 쌀쌀하다는 소리로
불만을 터뜨리곤 했는데
뺨에 와 닿는 눈빛이

따스한 것은 왜일까
기억을 더듬지 않더라도 우리는 분명
마음만은 변치 말자며
굳게 손을 잡았었으리
오래도록 머물면서
이제 모두 아문
우리들의 상처 자국을 보며
옛날을 노래하자
다시는 울며 고통받아야 할
아무런 일 없겠지만 혹,
누군가가 우리들의 등을
떠밀더라도 지금처럼,
설레임을 떠올리며
서러워하지는 말자

일을 마치고

—새벽 배달 길 · 5

땀에 흠뻑 젖은
옷을 보며
우리는 일하는 재미로 살자고
아내는 쓴웃음 지으며
말할 때
난, 가슴 안에서
목놓아 울고 말았다
시퍼런 새벽도 따라 울었다
언제 다가왔는지 모를 태양
등을 어루만진다

기도

—새벽 배달 길 · 4

1.

국화향만이 분주한 어둠 속에서
푸른 달빛이 내미는 손잡고
모퉁이를 돌아나오는
꾸부정한 아낙
십자가 밑에서 기도문 되뇌었을 그의
절절함은 무엇이었을까
어깨엔 낡은 가죽 가방
나이만큼 늘어뜨리고
가방 속 하느님이 흔들릴세라
조심조심 오던 길을 간다

2.

천지신명밖에 모르시면서
십자가를 찾았던 어머니
자식들조차 그 속사정을
짐작치 못했으니
영원과 순간의 차이만큼이나
소원해서였을까
머리 속에 향 없이 돋아난 꽃

무수히 줄기 뻗어
영혼 속을 헤집고 다닐 때도
침묵으로 달래시던 어머니는
聖者이셨으리
모아 둔 미소 한 움큼 쥐어 주고
오던 길 찾아나서는 어머니

새벽이슬은

—새벽 배달 길 · 6

새벽 잎새마다
쏟아내는 눈물은
하루를 잉태한
너의 눈부신 산고여

여명을 불러
하루를 열게 하는 것은
너의 소명이리

난,
어느 새벽에
너처럼
순간을 흔적없이 태우고
눈뜬 영혼으로 태어난다냐

별아

—새벽 배달 길 · 7

너에게
할 말 있어 가까이 가면
왜 자꾸만 뒷걸음치니

차 한 잔 나누고 싶어
손짓하면
왜 못 본 척하니

추운 어느 날
손잡아 주지 않아서

좀더 머무르고 싶은 널
멀리멀리 떠나게 해서

별아,
난 널 가슴 속에 꼭꼭
간직하고 다닌단다

가로등

—새벽 배달 길 · 8

고개 번쩍 쳐들고
내가 누구를 보랴

비바람 피할
처마 밑을 누가 내어주랴

축도록
그대들을 지키라는 형벌이라면
차라리 난,
행복으로 알겠네

외팔이 고물 장수

—새벽 배달 길 · 9

하루치 삶의 무게
손수레에 싣고 찬바람 꺾어가며
어둠 속을 빠져나온다
어이, “너무 많아 무거워”
사정없이 한팔을 짓누르는
저 하늘의 무게
사근사근 내리는 서리까지 합치면
그 무게는 얼마나 될까
세상을 너무 가볍게 본 것은 아닌지
아니면,
십자가를 대신 짊어지기라도 했는지

길을 묻는 사람

–새벽 배달 길 · 10

어스름 이끌고
앞으로 다가서는
그림자 하나
길을 묻는다
내 길도 몰라
지금껏 헤매는 중인데
앞으로,
얼마를 더 헤맬지 모르는데
차마.
길을 묻는 사람아

겨울 목련

—새벽 배달 길 · 11

입술을 꼭 여미고 있어도
무슨 말을 하려는지 안다

눈을 꼬옥 감아도
무슨 생각을 하고 있는지 안다

몰려오는 한기를 피하지 않은 채
꼿꼿이 서 있는
그 이유를 안다

김장

—새벽 배달 길 · 12

여덟 식구의 일년치 양식
배추 절이시는 어머니
보름사리 물때 맞춰
맑은 강물에 흔들어 씻으면
가난은 물결을 넘고
동네 아주머니들의 바쁜 손놀림에
빈 항아리들은 배가 부푼다
자그마한 몸집 고운 얼굴
미소로 말씀하시는 어머니
오늘도,
무덤 안에서 바쁘시다

첫눈

—새벽 배달 길 · 13

오랜만에 찾아왔는데
와락 껴안아 주지 않고
못 본 척하는 내가 미웠겠지만
웃음을 뭉쳐 하늘 멀리 던져대고
별들이 수북히 쌓인 둑 위에서
한 몸 되어 뒹굴던
지칠 줄 모르며
들판을 함께 달리던
널, 왜 모르랴
변한 모습 용케도 알아보고
앞길을 가로막는 네가
조금은 미웠지만
그래, 내가 잘못했다
체면 같은 거 내팽개치고
얼싸안고 뒹굴어도 시원찮을 텐데
내가 못났다
너는 옛 그대로인데
나만 못났다

파수꾼

―새벽 배달 길 · 14

일을 마치고
집으로 들어서자 마자 찌르르릉
아버지세요, 저 정순데요
카랑카랑한 둘째 아이의
다급한 목소리
학교에서 무슨 사고라도…
아버지, 운동장에 많은 눈이 쌓였어요
눈길 조심하시고
어머니 좀 바꿔 주세요
수화기를 내려놓은 아내의 앞자락에
갓 피어난 웃음 한묶음
뭣이, 저런 놈이 다 있노
눈길에 위험하니 출근치 말라며
연거푸 다짐을 받더란다

닭 울음 소리

–새벽 배달 길 · 15

목을 있는 대로 빼내고
토해낸 울음으로
골목을 흔들어 깨우던
고향 소리

울창한 빌딩 숲속에서
잔뜩 웅크리고 앉아
외마디소리 내지르는
타향 소리

또 누가
고향을 울리고 왔는가

밤하늘을 바라보며

달빛의 배웅을 받으며
그렇게 오시는 당신은
창가를 서성거리다
새벽녘에 되돌아가시곤 하더군요
몹시 추웠던 간밤에도 그러시는걸
모른 체했습니다
오늘은, 은은한 그 미소를 만나기 위해
밤하늘 바라보며
뜬눈으로 지새려 합니다
가까이 계실 때도
마음과 육신을 아끼지 않으시더니
멀리 떠나 있는 지금도
그 정성 여전하시군요
발길 닿는 곳마다 마음 구석구석마다
뿌려 놓은 잘못들이
고스란히 恨으로 남았습니다
옛날에 모두를 용서해주셨겠지만
죽어서도 남아 있을 죄인데
눈물 흘린다고 지워지나요
부르다 다할 것 같은 목숨인데
이 일을 어쩌면 좋습니까, 어머니

어느 걸인

해거름이면 아무 말없이
대문 안으로 발 들여놓고
장승으로 서 있던 사람

단정한 옷매무새에도
여전히 꾀죄죄한, 도무지
알 수 없었던 그

귀한 손님인 양 정성스레 차린
밥상을 올리면, 인사 대신
한 톨의 밥알도 남기지 않던

그인, 지금도
울엄니 무덤가를 찾아가, 그렇게
우두커니 서 있을까

엄니의 샘

엄닌, 온갖 설움 물동이에 담아
뚝 넘어 강물에 흘려 보내고
푸른 물 한 지게 가득 채워
한발 한발 내딛으며
집으로 향하는 엄니의 발걸음은
천근도 넘을 텐데
흔적없는 발자국 위에
햇살이 소용돌이친다

땅 속 깊이 묻힌 큼지막한 항아리에
흘릴세라 쏟아붓고, 백반 가루 흩뿌려
한나절을 익히면
옹달샘으로 되살아난다
갈증 일 때 한 바가지
뼛속까지 스미는 시원함
눈발이 몹시 날리던 그 해까지
엄닌, 내내 샘물을 지키셨다

눈 내리는 어느 날

–어머니 무덤에서

하얀눈 펄펄
웃음으로 내리고
채송화, 맨드라미 어울려 피던 자락엔
겨울꽃 소담스레 피었구나

보송보송 눈꽃송이
사랑으로 수북히 쌓이고
바람 따라 길을 나선 자식들
이때나 저때나 찾아들까
울 밖으로 내민 시선 시리다

낮게 떠있는 하늘
그 아래로
어지럽게 내리는 눈, 눈물 되어
가슴 속에 고이네

자식들 앞에선
눈물 보이지 않겠다고
그래야 앞날 훤하다며
입술 깨무시더니
오늘은, 어인 일인가요

어머니의 소망

하루가 빗장 지를 시간
장독대 위 조심조심 올려놓은
정화수 한 사발

촛불 밝혀
말끔해진 단에 올라
합장하는 어머니

천상에 흩어진 소망 중에
어느 것을 끌어내리려
저토록 애간장을 녹이실까

기다림

밤늦도록
쏘다니던 어렸을 적
내 어머니도 아버지 몰래
어지간히 애간장 태우셨으리
지금도, 지지리 못난 자식 생각에
영면(永眠) 못하고 계실
어머니
동네 어귀 쪽으로 고개 돌리신 채
담뱃불에 손끝이 타는 줄도 모르신다

어느 날 강경에서

수척한 몸으로
비를 맞고 있는 강경
그 품에서 고개 내민
동심은 입술이 퍼렇다
골목들이 놀라며, 오래도록
간직했던 편지 건네주고
양볼에 우물진 소녀
번져가는 미소로 서 있다
지우산 받쳐든 옥녀봉
바람에 실려오는 비를 피하지 못한 채
옷을 흠뻑 적시고
누추한 자리, 앉으라는 인사말도 못하는구나
등대 불빛 따라
발밑에 옹기종기 모여들던
만선의 고깃배들
구석진 곳에 허물로 쌓였고
여전히 바다를 흠모하는
비단강 위에
숱한 꿈 띄우곤 했는데
이젠, 남아 있는 꿈이 없다

세파에 휩쓸린 탓일까
세월 한아름 안고
빗속에 흐릿한 산이,
넓다란 들이 달려 온다
황산옥 술독을 바닥 내려는 듯
술 펴내는 소리 요란한 일행에게
고개 끄덕이며 다가오는 강
연인들의 귓속말 차곡차곡 간직한 옥녀봉
난, 어느새
강경에 살고 있다

새벽달로 어둠을 쓸며

1. 탄생
터질 듯 부푼 별들이
계곡으로 쏟아지는 늦은 밤
소슬바람까지 내려와
참나무 잎을 흔들어대는 이 가을
산 옆으로 난 새길 따라
영혼으로 빚은 살결
콧날 세운 아이가 왔다

신접 살림 어설픈, 아직은 살림이라고는
말할 수 없는 어미방을
두리번거리는 흐린 초점
생면부지인 어미 얼굴
한꺼번에 눈동자 속으로 넣으려는
그 욕심쟁이 고운 아기는
밤잠까지 설치는구나

2. 죽음
우유빛 엷은 몸에
노오랗게 물들이고 산을 넘는 햇살

뿜어나오는 짙은 향내는
맡아도, 맡아도 분명 젖내 아닌
뼈 속까지 스미는 고통
가느다랗게 실눈 감은 채
세상 다 본 것처럼 누워 있고
할 말 다한 듯 굳게 다문 입술가에
聖者로 찾아온 고요
아직은 다 익히지도 못한 어미의 얼굴인데
그것도 세상구경이라고
오던 길 되돌아가야만 하는 그 속사정
뭐였을까

젖내나는 네 얼굴 고와
어미 품에 안겨본 겨우 열흘
떠나야만 하는 네 심정 오죽하겠느냐만
몇번 눈맞춤 나눈 것으로
인연의 고리를 끊어야 하다니
넌, 알고 온 듯 조용하기만 하구나
언젠가 다시 만나게 되는 날
어미 얼굴 알아보고 품에 안겨 올까

새벽달로 어둠을 쓸면서
창백한 얼굴로 절규하는 어미에게
꼭 다문 입술로 마지막 인사 나누고
넌, 그렇게
새벽 하늘을 가는구나

길목에서

자정을 뒤로 하고
내일로 들어서는 길목에서
충혈된 전등과 마주앉아
지나간 하루를 펼친다
얼룩진 흔적
텅 빈 공간, 이렇듯
어지럽게 널려 있는 허무
말끔하게 지우지 못하고
내일로 들어서려 한다면, 그는
나에게 한뼘의 자리마저
내주려 하겠는가
변함없이,
빛을 쌓는 저 별은
누구의 업적이기에
저리도 곱고 눈부실까

은하수까지 갈까

별빛에 물든
파아란 눈송이가
숨도 안 쉬고 내리는구나
그런데 왜, 자꾸자꾸
내린다냐

자전거 타고 시장에 가신
아버지가 힘드시겠어
우리, 마중 나가지 않을래
그래, 성

눈이 발목까지 빠지는구나
발 시리지, 웬 바람까지 분다냐
귀도 문지르고 손도 비벼봐
입 · 이 · 붙 · 었 · 나 · 봐, · 성
말 · 이 · 잘 · 안 · 돼

벌써 작은다리까지 왔구나
성, 조금만 가면 큰다리겠네
그래, 우리 이대로

별 그림자 밟아가며
꿈들이 모여 있는
은하수까지 갈까

모교에서

세월 중간쯤 서서
멀어져가는 꿈 붙들고
바라보는 교정

봄을 꺾어 목에 건 채
풀밭에 뒹굴고
물줄기 따라 길게 늘어진 매미소리
짜증스러워하는 한낮
한바탕 싸움 뒤
운동장 한구석으로 달려가
가을을 거푸 마시다
플라타너스 한잎 가슴에 묻으면
무릎까지 차오르던 하얀 겨울

生의 마디만큼이나 옭매인 자국
그, 고무줄 높이보다 더
부풀던 소망,
바짓가랑이가 터지는 것도 아랑곳하지 않은
부끄러움조차 몰랐던 그때
바로 어제였는데

변함없이 세월을 나르는
침묵의 강가에 서서
끈질기게 달라붙는
삶의 때를 털어내며
떠오르는 기억 속
아른거리는 얼굴들,
옥녀봉 파안 하늘 위에서
추억을 꿰느라 정신없네

옛집에서

비바람 막아주던 둥지
웅크린 거북이 등으로 남았고

유리구슬 굴리던 앞마당
푸른 꿈들은 여전한데

삭아버린 뼈마디
옛 도령을 보자 어쩌지 못하고
눈물만 글성이는 방문 고리

어머니는 여전히 육신 살라
저녁을 지으시고

아버지는
고통 팔아 소망을 사기 위해
꽝꽝 얼어붙은 大地보다 더
무거운 짐 자전거 끌고
시장엘 가셨다

은하에 발 담그고

유난히
보랏빛 좋아하는 소녀와
은하에 두 발 담그고 나란히 앉아
정적을 매만지며 듣는
갈잎들의 시샘소리

그렇게
우리의 이야기는
서로의 가슴에서
조금씩, 조금씩 영글어가고

어쩌다
머리 위로 떨어지는
별들의 몸 부딪는 소리에
풀벌레들은 잠 못 이룬다

이 여름밤도
우리 등을 기댄 채
개구리들이 펼치는 코러스를 들으며
예전처럼 날 지새려나

친구여

초가지붕 추녀 끝
사열하듯 길게 늘어선
고드름 하나 따 맨손에 쥐고
칼싸움했던 그 어릴 적은
풀냄새 그윽한 고향
포근한 어머니의 품이었구나
욕심 없던 우리는 늘,
즐겁기만 했었고
살얼음판 잘못 디뎌
발 빠지기 일쑤였잖은가
그럴 때 메기 잡았다며 약올리면
마른 풀과 나뭇가지 모아
불을 피워 젖은 양말 말린다고
뒤스럭대다 신발까지 태우곤 했던
그것들을 뒤로 하고
넓은 세월의 강을 저어가는
친구들이여,
가끔은 고향 하늘도 바라보는가

4부

어미의 기도

하산을 서두르다 넘어진 듯
깊은 계곡에
옆으로 누운 나무를 본다

돋아난 새 가지들에게
젖을 먹이고
살점을 먹이며, 오래도록
그렇게
끌어안고 있을 것 같은 둥치

아무 탈 없길 바라며
눈길을 떼지 못 하는
저 어미의 기도

발걸음 옮기지 못하고
한참을 바라보는, 나의
몸에서 들려오는
힘
솟는 소리.

첫 만남

– 첫 손녀, 나경이

쉽게 물러서지 않을 것 같은 겨울은 가고
새 생명들이 앞 다투어 피어난
그 환호 속 신비!
포근한 엄마의 품에 안겨
처음 만나는 세상을 바라보는
너의 파란 눈망울은 보석처럼 반짝이고
허공을 휘젓는 앙증맞은 손과 발
고른 심장소리…
행복이 무엇인지 가족이란 무엇인지
살아가는 그 이유가 무엇인지
너의 눈부신 탄생
그 하나로 다시 알게 했고
가슴 뭉클하리만큼 젖어드는
너의 향기는
거듭 피어오르는 고마움과 감사였다
홀로 서게 되는 날
세상 앞으로 가까이 다가가
낯선 풍경들을 눈에 담아 익히고
이제는, 너만의 깊은 고요 속에서 벗어나
엄마 아빠 앞에서 자랑이라도 하듯

이야기 술술 풀어내고
할머니 할아버지의 목소리도 실컷 듣고
숲 속 아름다운 새들의 소리도
꽃들의 웃음소리도 마음껏 들으며
지혜롭고 곱게 자라거라
그리하여,
기름진 곳으로 흐르고 흘러
너만의 영토를 넓혀라
활짝 핀 봄꽃들이 자리에서 모두 일어나
너를 향해 날아오는 하얀 깃털들
봄볕 닿는 곳마다 꽃망울 톡톡 터지듯
너의 눈길 머무는 곳마다
행운의 꽃 활짝 피어나길 빈다

빗줄기를 맞으며

도랑을 내기 위해
굵은 빗줄기를 맞으며
삽질을 했습니다.

그리움의 밑동,
터질 듯한 꽃망울 위에도
쉼 없이 내리는
무수한 알갱이들

욕망의 들녘
물줄기를 터놓기 위해
몰아치는 비를 맞으며
삽질을 했습니다.

행여,
빗물에 젖을까
가슴을 꼭 여민 채.

섬

철새들은 다시 날아오고
언젠가는 사람들도 돌아와
흔적으로만
남아 있었던
고즈넉한 섬에 기적이 일어났다.

입을 굳게 닫았던 나무들은
꽃잎을 달기 시작했고
밤하늘, 작은 꿈들은
새록새록 돋아나고

손 뻗으면 닿을 거리
빤히 바라보기라도 하면,
어느새
깊은 감흥 속으로 빠져들 것 같은
알 수 없는 영역이 되었다.

그 곳에서,
오래오래 머물다, 끝내는
내 영혼마저 송두리째 삼킬 것 같은
그대를 위해 기도한다.

그대는, 기다림으로 오시는가

안개 자욱한 강가에서
당신을 기다립니다.

잔물결 몸 부딪는 소리
갈대의 허리를 안았다 풀었습니다.

짓궂은 바람
이렇듯, 자리를 뜨지 않고

모두는 기다리고 있는데
여전히 보이지 않는 당신

어느덧,
귀에 익은 발자국 소리

안개꽃 흐드러진 강가에서
그대는,
기다림으로 오시는가.

뒷모습

굳이 얼굴을 드러내거나
애써 말을 꺼내려 하지도 않습니다.
어떤 말을 들어도 옮기는 법 없고
슬플 땐 속울음 울지만
기쁠 때 역시 드러내지 않습니다.
행여, 흙먼지 날려
온 몸 하얗게 뒤집어써도
표정 하나 일그러뜨리지 않고
묵묵히 걷기만 합니다. 어느 땐
누군가 만들어 놓은 틀 속에 갇혀
원하지 않은 모습으로 변해 있을 때
많이 씁쓸해 하면서도, 어느새
운명을 꺼내 들고 흔들어대는
자신의 몸짓을 보면서
흠칫 놀라기도 합니다만, 쉽사리
그 틀 속에서 벗어나지 못하는
살아온 만큼의 어깨,
저 초연한 뒷모습.

또 하나의 나이

날마다 새롭게 태어나라는
그것은,
간곡한 말씀, 그래서일까
가난에 젖어 무겁게 퍼덕이던
꿈의 날개는 어느덧
높은 하늘을 날고,
한 때, 길을 몰라 서성거렸던
지난날의 모습은 지워지고,
모질게 덤벼드는 바람 앞에서도
웃음을 내보일 수 있는
나를 만날 수 있어 얼마나 다행인지.
이렇듯,
보이지 않는 저 너머까지 내다보며
말수를 줄이고
거친 호흡을 다독여
뜨겁게 사랑할 수 있는
삶의 정점에서,
어느 땐 차갑게 다가오는 운명 같은
또 하나의 매듭.

단팥빵

어느 빵이든,
팥이 들어 있으면
그저 좋아만 하는
애비를 잊지 않고
모처럼만에 집을 찾을 때에도
손에 들려지는 작은 봉지.
지금은, 오히려
팥빵을 보면
곁을 떠나 있으면서
한 순간도 긴장을 풀지 않고
더 높은 곳을 향하는 모습,
먼저 떠오르는
작은 아이.

안개

– 2016, 가을

이젠,
모두를 지우고 싶다

허탈한 웃음처럼
허공으로 흩어지거나
짙은 혼돈 속에 휘말렸던 시간들

깊게 뿌리 내려야 할
해묵은 나무가 송두리째 흔들리고
새들은 무리지어 밤하늘을 덮는다.

지나온 길, 돌이켜보면
한결같이 꿈길 아닌 곳 없다.

언제나,
가슴을 부풀리며
영원한 점령을 꿈꿔왔지만

아, 오늘은
내 운명의 날!

11월

저 산맥 하나만 넘으면,

나무들은
그 자리에서 숨죽인 채
새벽을 기다리고

세상 속을
어지럽게 휘젓던 물살은
낮게 흐르는데

점점 가까워지는
바람의 잰걸음

저 산맥을
무사히 넘을 수만 있다면.

그 곳을 향하여

— 명수, 서연의 결혼

출항!

맨몸으로, 닻을 드높이 올린
그대들의 뱃길 활짝 열린다

넘실거리는 젊음
대양을 단숨에 뛰어넘을 것 같은 야망
끝없이 펼쳐나갈 은빛 세상

시련이 몰려와도
꺾이지 않을 희망의 돛대
한결같은 방향으로 나아갈 뱃머리엔
의지의 깃발 펄럭인다

행여, 바람이 몰려올 땐
신세계로 향하는 바닷새의 날갯짓을 보라
언제나 그 자리, 살아있는
별들의 눈빛을 보아라

방향을 잃었을 땐

서로에게 나침판이 되어주고
소용돌이치는 혼돈의 해협을 지날 땐
두 손 꼭 부여잡을 단단한 믿음!

가물거리는 수평선,
행복의 어군(魚群)을 찾아
그물을 넓게 펼치는
투박한 손과 발이 되어라

꽃 길
가슴을 부풀리는 그대들이여!
부디, 행운을 빈다

침묵

강렬한 저항이다.
이미, 맺어온 인연 따위는
아랑곳하지 않는 것
검은 바다 같은 것
그 곳에서 비늘 번쩍거리는
물고기를 잡아 올린다는 것은
결코 쉽지 않은 일
침묵은, 전원 꺼진 전등
나는 물론 주변까지 어둡게 하고
믿음과 희망의 새싹을 틔우지 못하는
썩은 씨앗과 같은 것
설령, 싹을 틔운다 하더라도
결실까지 기대할 수 없는
문을 꼭 걸어 잠그는 것
그것은 문을 활짝 열어놓은 채
사색하는 것과는 사뭇, 다른 것
나만 존재하고 상대가 무시되는
절대 이기적인 것
흐름을 한순간에 멈추게 하는 것
때로는, 절벽 위에서 굽어보는
바위의 위엄 같기도 한 것.

또 하나의 매듭

박승범 시집

발 행 일 | 2017년 9월 15일
지 은 이 | 박승범
발 행 인 | 李憲錫
발 행 처 | 오늘의문학사
출판등록 | 제55호(1993년 6월 23일)
주　　소 | 대전광역시 동구 대전로 867번길 52(삼성동 한밭오피스텔 401호)
전화번호 | (042)624-2980
팩시밀리 | (042)628-2983
다음카페 | cafe.daum.net/gljang 문학사랑 글짱들
다음카페 | cafe.daum.net/art-i-ma 아트매거진(아띠마)
전자우편 | hs2980@hanmail.net

공 급 처 | 한국출판협동조합
주문전화 | (070)7119-1741~2
팩시밀리 | (031)944-8234~6

ISBN 978-89-5669-846-5
값 12,000원

* 이 책은 대전문화재단과 대전광역시에서 사업비 일부를 지원받았습니다.
* 이 책은 ㈜교보문고에서 E-Book(전자책)으로 제작 · 판매합니다.
* 잘못 제작된 책은 바꾸어 드립니다.